O além da montanha
YAO FENG

© Moinhos, 2022.
© Yao Feng, 2022.

Edição: Camila Araujo & Nathan Matos
Revisão: Nathan Matos
Pintura de capa: Yao Feng
Capa: Sergio Ricardo
Diagramação: Luís Otávio Ferreira

Nesta edição, respeitou-se o Novo Acordo Ortográfico da Língua Portuguesa.
Dados Internacionais de Catalogação na Publicação (CIP) de acordo com ISBD

F332a   Feng, Yao
O além da montanha / Yao Feng. - Belo Horizonte : Moinhos, 2022.
128 p. ; 14cm x 21cm.
ISBN: 978-65-5681-102-4
1. Literatura chinesa. 2. Poesia. I. Título.
2022-239   CDD 895.11   CDU 821.581-1
Elaborado por Vagner Rodolfo da Silva - CRB-8/9410

Todos os direitos desta edição reservados à Editora Moinhos
www.editoramoinhos.com.br
contato@editoramoinhos.com.br
Facebook.com/EditoraMoinhos
Twitter.com/EditoraMoinhos
Instagram.com/EditoraMoinhos

7   **I — MINÚSCULA**

17 **II — INDICATIVO**

18   Um bebê no formol
19   Chegada do lobo
20   Passagem pelo Planalto Central
21   Explosão na Mina de Carvão Taiping
22   Noite branca
23   Amsterdã
24   Peixe salgado
25   Mãe
26   Homem vegetal
27   O mar não precisa dessas coisas
28   Porque o mar ainda está a rugir
29   Não me acorde
30   O canto do pássaro
31   Silêncio
32   Navegar ou voar
33   Viagem
34   Na minha pátria
35   Com Marilyn Monroe na China
36   Homens maus
37   Amante
38   Trigo francês
39   Fim

40	Neve de lei
41	Pedra coberta de musgo
42	Mar de lágrimas
43	Grãos de areia
44	Chuva ao fim da tarde
45	Março
46	Gostar dum animal
47	Espólio
48	Nanjing
49	No Hospital Santa Maria
50	Velho cavalo
51	Mão
52	Armadilha
53	Jingshan
54	Pastor
55	Paisagem ao longe
56	Coletor do crepúsculo
57	A caminho da luz
58	Templo no cume
59	Um episódio da história
60	Porta Meridiana
61	Conquistadores
62	Almoço dos poetas
63	Retrato
64	Sexto dedo
65	Enterro da flor
66	O pôr do sol
67	Correr em 1968
68	Camilo Pessanha num quarteto
70	Somos todos apenas árvores
71	No Deserto

III — FOCO — FOTOGRAFIA E POESIA

- 77 Before I Die
- 79 Mestre
- 81 Traduzindo o coração
- 83 Luzhou
- 85 Noiva
- 87 Diamantes
- 89 Uma nuvem de Pessoa
- 91 O Corpo no Circo
- 95 Nas Grutas Mogao
- 97 Nos 20 anos
- 99 Escrito na água
- 101 Olhar dum Porco
- 103 Li Bai em Zhuhai
- 107 Aprender a língua de pássaro
- 109 Tempo inventado
- 111 Fragmentos recolhidos em Kyoto
- 115 Ordem
- 117 Um homem de ninguém
- 119 No topo da colina
- 121 A Lua é uma dívida
- 123 Elegia de Janeiro
- 125 O Gato

I

MINÚSCULA

1

pela janela vê-se desfolhar
o outubro

num ramo ainda como flor
o cantar de um pássaro

2

o peixe no aquário
bate com a cabeça
em todas as direções

a agitar-se o mar, ao longe

3

a árvore que cresce de pé
não sabe fugir

em tormentos as raízes
como tempestade

4

a noite tão iluminada
deixou de ser o seu endereço

escrevo-lhe um verso de amor
num dado, à mesa do cassino

5

na loja de metáforas
em saldo as rosas

mas escolhi uma pedra

6

saí de mim próprio
o rosto de outro
partiu o espelho

7

o teu sorriso na fotografia
lembrou-me
tudo o que tinha vivido contigo
para além da moldura

8

contemplo o céu alto
deitado no relvado

sinto-me enterrado
no vazio

9

a minha mão
à procura duma direção
dentro da sua mão

mas há tantos caminhos

10

boca em flor, boca na fonte
lábios abertos ao horizonte
março não se esqueceu
de chegar a tempo

11

algemado pela lua
na prisão das saudades

encontrei uma mensagem secreta
no miolo do bolo lunar

12

tanto uso o rosto
que agora já me detesta

cinquenta e seis anos depois
o rosto tornado em máscara

13

no fundo do copo de vinho
não encontrei o que me tinha prometido

para a esquadra de polícia
fui levado

14

o imperador
come três refeições por dia
como eu
embora use a tigela de ouro e os pauzinhos de marfim

15

o além da montanha
ainda é montanha

ou a arte de pintar
o limiar do silêncio

16

disseste que a solidão é velha
feia e careca

não, esta não é a minha solidão
ainda sou jovem no coração

17

o pardal, a ave mais humilde no céu e na terra
em cor confundível com a poeira
deixou morrer a gaiola

18

um amor real não tem um preço
não se adquire
nem por grosso nem por retalho

19

um tigre libertou-se
dos seus gestos
correndo ao meu encontro

20

no teu corpo habitável pelo meu
cabe a dimensão da alma

21

No Casino Venetian onde o céu tem de ser azul
durante vinte e quatro horas
vi um dedo cortado de operária a sangrar
duma lâmpada barroca, de luxo, de plástico
fabricada em Dong Guan

22

ao sábado, Deus faz a igreja cheia
tão sozinho no céu
o Senhor precisa de companhia terrestre

23

este peixe transformado em espinha
não é oferta do mar

24

sonho que a humanidade evoluirá:
cada pessoa terá
só uma paixão
um só amor
até à morte

25

como convidado especial
fui cortar a fita da cerimônia
de burro

26

quando esqueci as estações
começou a estar em flor

tanto floresceu que nem fruto deu

27

um corvo na varanda
repete-me a pergunta crocitando:

queres voar comigo?
queres voar comigo?
queres voar comigo?

28

sim senhor, dei muitos erros
porque os meus verbos já não gostam
de ser tão conjugados

29

ora, deixa de me amar assim
deixa de meter o meu mar na sua jaula

30

no funeral de um amigo
vi que a morte está jacente
mas nunca morreu

lembrei-me de que já tinha vivido
20376 dias

31

não posso cortar todas as canas de açúcar
embora já tenha
o único amor da vida

32

ele morreu no vigésimo quinto andar
ainda assim tem de ser metido na terra
para subir ao paraíso

33

já não choro por ninguém
por nada

choro quando me lavo
interiormente

34

a rua San Ma Lou continua animada
inundada de gente que não conheço

parece que ninguém morreu no mundo

35

meu sonho tem a altura da noite
e o peso da solidão

36

ela é mais nova do que o espelho
quando não o usa

assim acredita ela

37

em Florença, perante David
nu, musculoso e gracioso
pensei em noites castradas de eunucos

em Pequim, no Palácio Proibido
os eunucos proibidos
continuam a berrar sem voz
apertando com as mãos
a parte mais vazia do corpo

38

inverno desfolhado
mas crescem as folhas
no cerne do tronco

39

estou contigo no fundo dum poço abandonado
descobrindo que o céu, embora limitado
também é muito azul

40

as montanhas cercaram-me
correndo

com a minha cabeça ao colo
puseram-me uma pedra no coração

41

torci um relâmpago
para lhe fazer um colar
e encomendei ao trovão
um ramo de flores

42

tirei-lhe os sapatos
e sacudi-os até que saísse
o último grão de areia

assim o deserto que me tinha oferecido
ficou completo

43

a minha tristeza
e a sua tristeza têm o mesmo rosto
e a mesma expressão

gêmeas

44

acordei de madrugada
porque uma palavra que me disse há tempo
voltou a me ladrar

II

INDICATIVO

Um bebê no formol

Abandonado no formol
frio, inchado, pálido
não conhece sequer a liberdade de apodrecer

Os teus lábios, entreabertos, como se
apelasse pelas primeiras lágrimas
Nas tuas mãozinhas
mas quase não tens linhas digitais

Sem liberdade para apodrecer
faz com que me sinta satisfeito com a vida
Ó, liberdade, liberdade de que te privam
eu é que a tenho

Chegada do lobo

Com a chegada do lobo
as ovelhas não se afastaram
mas pararam de comer relva para se perfilarem
como algodão plantado em fila

Estava muito quente
"Que diabo de tempo!" – uivou o lobo
e todas as ovelhas
despiram os casacos de pele

Passagem pelo Planalto Central*

O comboio passa pelo Planalto Central
onde o milho amadurecido
acolhe todos os raios de sol

Ano após ano
o milho deita-se como sementes
e levanta-se como cereais
Tal como eu, ri com a boca aberta
e repleta de dentes amarelos
mas nenhum deles é de ouro

---

* O Planalto Central (中原) é um nome antigo que indica a região central da China, especialmente a Província de Henan. É considerado como o berço da civilização chinesa.

Explosão na Mina de Carvão Taiping[*]

Foram carregados os cadáveres
um após outro
e o último a ser removido era apenas mais um cadáver
Todos escuros e duros, como se fossem
carvão de má qualidade

Vocês, que nem chegaram a sentir
o calor no momento da explosão
foram despejados no crematório

A preta fumarada
conduziu ao paraíso a alma
dos que já tinham sofrido o inferno

Porém, no mundo terrestre
o vento continua soprando frio e a energia
é cada vez mais procurada.
E o crematório?
Já se tornou numa das fontes de energia do país

---

[*] Taiping (太平) significa em chinês "paz eterna".

Noite branca

Tudo estava escuro no meu coração
nada se via
como se um pano de noite
me vendasse os olhos

Fiquei a desejar a luz, luz para sempre
então contei o que pensava a uma poetisa europeia
e ela disse-me: no meu país, quase sempre frio
muitas pessoas
ou ficam loucas, ou se suicidam
devido à luz ser demasiada prolongada

Amsterdã

Quando cheguei de carro a Amsterdã
já era meia-noite
A reputada cidade do sexo
fazia ambíguas as luzes da rua
Mesmo a cara do dono da pensão
sugeria alguma coisa do prazer

Mas nada me aconteceu

O amanhecer refletia-se no rio
e o céu, muito nublado. No Museu Van Gogh
os girassóis quebraram os raios de sol
para ficarem irmanados num vaso
Numa noite distorcida, o campo de trigo
engravidado pelo luar, ondulava enlouquecido
quando o pintor pegou numa tesoura

No autorretrato do artista tão melancólico
testemunhei uma orelha ainda a sangrar
Saí para a rua, já plena do sol, notando que todo o mundo
tem os órgãos dos sentidos completos e saudáveis

Peixe salgado

Como é que um peixe salgado retornaria à vida?

Em busca daquela agulha de prata
percorreu todo o mar, prometeu amor
que só findaria, no caso das montanhas despencarem
ou do mar secar
e para avistar o horizonte, saltou da água

Agora, pendurado sob o sol
deixa que a brisa o absorva até à última gota de mar
E o sal que o destino lhe impõe
salga o tempo para além do mar

Não conseguiu no entanto fechar os olhos
mesmo após salgado
Vendo a chuva a cair do telhado para os rios
o peixe sonha em seu regresso ao mar

Mãe

Finalmente, a velha loba caçou uma ovelha
Aos dois filhotes deu de comer toda a carne
para ela restaram apenas os ossos

Ao anoitecer
os lobinhos adormeceram com a barriga cheia
e à luz do luar
a velha loba pôs os óculos
para tricotar, dando voltas à cabeça:
como é que posso fazer duas camisolas
somente com a lã de uma ovelha?

Homem vegetal

Logo que se ergueram da terra
os seres humanos começaram a nomear as coisas
com a língua
mas as rosas florescem e murcham
sem saberem que se chamam rosas
e as *orquídeas nobres* também ignoram
a sua relação com a nobreza

Neste momento, longe da linguística e da botânica
estou num hospital, junto da cama do velho Zhang
Ele, coberto de tubos por todo o corpo
recorda-me uma planta vigorosa

Olhei para fora pela janela, onde as árvores
projetam as sombras de alegria
Em silêncio, com um último olhar, despedi-me do Zhang
que conseguiu abrir os olhos mas nada viu

O mar não precisa dessas coisas

Na praia de Delijia, o mar está agitado
tal como rejeitando, ou insistindo em
nos devolver alguma coisa
Notamos que pela praia estão espalhados
garrafas de vinho, papel higiênico e preservativos

Trocamos um olhar com um sorriso intrigado
A nossa alegria e tristeza, cada vez mais dependem do corpo
cada vez mais precisam evacuar:
pela praia estão espalhadas
garrafas de vinho, papel higiênico e preservativos
abandonados por nós

No entanto, o mar não precisa dessas coisas
nem desta humanidade tão superior

Porque o mar ainda está a rugir

Na praia coberta de conchas rotas
você disse-me: umas são como os olhos cegos
e outras, como as orelhas sem ouvido

Mas tenho os órgãos tão completos e saudáveis
e por ter você comigo, apaguei o rancor pelo mundo
O que eu devo é escutar, olhar e sentir-me agradecido

Porém, por que o mar ainda está a rugir?
Levanta-se uma vez após outra
arregaçando as mangas das ondas
para amolar a faca nas rochas

Não me acorde

A noite deita-se comigo
na fenda do tempo

Os dedos do luar
penteando os cabelos do sonho

Oh, meu amor
pode passar pelo meu sonho
ou nele ficar
mas não me acorde

O canto do pássaro

A anestesista impôs-me a leitura da poesia ambígua
e as enfermeiras murcharam depressa num poema
que nada me apetecia

Depois, fiquei inconsciente do que me aconteceu
Quando acordei, abrindo os olhos
notei que o velhote Wang, da cama vizinha, já havia sumido
e no seu lugar estava um rapaz a gemer

Os raios do sol continuavam lumiosos a brincar
na minha cama como alegres formigas
Pela janela aberta, o canto dum pássaro avisou-me:
"O seu órgão moribundo já foi retirado"

Silêncio

Finalmente
pusemos o silêncio no centro
como se fosse posta uma enorme mesa
na qual nada foi servido

O banquete já tinha acabado
e nunca mais sentados à mesa
deixamos florir as palavras

Apenas silêncio. Apenas o gorjear ocasional
desperta o silêncio
O que murmuram os pássaros
pousados nos ramos do nosso sonho?

Mas já não voltamos a sonhar
nesta noite menos nossa
pela qual o vento sopra a abundância do seu cabelo
a gritar, a uivar no silêncio…

Navegar ou voar

Sufocados pela monotonia da vida, eles
só respiram alegres agora
só neste momento em que
ele estreita a cabeça dela nos braços
a falar do amor, e até da morte
como se a morte fosse a sublimação do amor
ou uma escada para atingir o paraíso

No lençol em desalinho e molhado
o mar a ondular mais
e a tempestade a ocupar o céu
Eles continuam a navegar ou voar
mesmo com um destino condenado à terra

Viagem

Torci a sombra atrás de mim
para fazer uma corda

Caminho em silêncio
levando à corda a estrada, este cavalo velho

Todos os dias o pôr do sol é um aborto
e o relógio tem depositado a suficiência do tempo

No fundo da noite, nem se aponta a direção
senão ao redor, senão o além

Um por um, tirei do corpo o fósforo
cuja cabeça encarnada
rompeu com o muro do escuro

Na minha pátria

Na minha pátria
a porcelana tem mais de dez mil formas
mas qualquer delas é tão frágil
como a incurável ferida.

Na minha pátria
todas as sedas são pele macia de água
tecida pela morte dos bichos da seda
no inumerável cair das folhas

Na minha pátria
quase todos têm ao peito um bule de chá
mas o chá tão milenar
mesmo em gesto de alquimista
raramente se bebe em tranquilidade

Com Marilyn Monroe na China

Num dia de verão de 1974
escondi num canto deserto
para folhear em segredo uma revista americana
trazida do estrangeiro por um diplomata, pai do meu colega K

Esqueci o medo nesta aventura arriscada
seduzido por Marilyn Monroe na capa
onde estava a sorrir para um jovem chinês de quinze anos
pura, inocente, sexy (palavra já apagada
do glossário chinês de então)
tal como uma lâmpada me iluminou na treva

Sorri também para ela
intrigado pela saia branca erguida pela brisa da Primavera
Que segredos esconderia a saia?
Por que me deslumbrava ela?
Por que me encanta esta beleza da América Imperialista?
Assim tive de homenagear os Estados Unidos
e o seu grande povo
com os genes de escassas gerações
conseguiram criar esta obra-prima

Um dia de verão de 1974
quotidiano e banal
sem nascimento de gênio, sem o
falecimento de um grande homem
mas, para mim, foi uma surpresa
Na China, num beco escuro de Pequim
encontrei-me com a deusa
e meu sangue de juventude começou a galopar
rumo a um sonho sempre inédito

Homens maus

Creio que há homens maus por natureza
mas trato-os como se fossem bons
como julga a justiça antes da sentença
que todo o acusado se presume inocente

E os homens maus, os dos bonés de beisebol
cigarros pendendo dos lábios
na lembrança da minha meninice
eram como que a encarnação do mal

Mas hoje entendo os homens melhor
após cortados para sempre o rabicho da infância
e o apêndice cego da ingenuidade
Embora tenha vivido um universo maior
raramente encontrei ao meu redor
sujeitos com o boné de beisebol

Amante

Na urna, as minhas cinzas ainda cálidas:
apego contínuo a este mundo

Abundância de flores em volta
em silêncio a chegada de pessoas
som suave de ossos e roupas a roçagar quando se curvam
para fazer as vênias
música lenta e triste, misturada com o prantear dos entes
o discurso fúnebre, em voz grave e afetuosa
apagou as manchas todas da minha vida:
um homem honesto, leal e íntegro

Numa pausa consegui ouvir uma mulher a soluçar
a terceira à direita, última fila
então a urna irrompeu em chamas de súbito
e as minhas cinzas arderam de novo

Trigo francês*

Na Avenida Champs Elysée, conhecida
como a n° 1 do mundo
os românticos franceses cultivaram o trigo

Na hora da colheita
fui a Paris com uma foice
Queria transportar todo o trigo
para a Praça Tiananmen
a maior do mundo
onde os camponeses sabem
como ninguém, secá-lo

---

*   Baseado numa notícia de que os franceses plantaram o trigo na Avenida Champs Elysée como uma prática artística.

Fim

Foi num dia de inverno que
me tinhas oferecido uma pedra
acesa, tão acesa que a guardava
ora na mão esquerda, ora na mão direita

Viraram-se os dias como páginas dum livro lido
e a pedra estava a esfriar
O que as minhas mãos colecionaram
acabou por ser apenas uma sombra

Neve de lei

Que alvos e luzentes os flocos de neve
tal como raios de sol cristalizados

As pessoas que andam na rua
sejam quem forem
pobres ou ricas
estão todas cobertas de neve:
pura, justa, sem gume oculto
fazendo lembrar uma lei piedosa

A neve deve cobrir todo o país
e todo o povo
mas segundo a previsão do tempo
não há neve
para lá dos quinhentos quilômetros

Pedra coberta de musgo

Aquela enorme tartaruga
com a cabeça recolhida dentro da sua casca sólida
não se moveu
nem o tempo moveu

Três diretores do zoo já morreram sucessivamente
mas a tartaruga ainda se mantém estática:
inativa e plena de longevidade[*]
como se uma pedra coberta de musgo
a crescer num charco, o mais baixo do zoo

---

[*] Na cultura chinesa, a tartaruga é o símbolo auspicioso da longa vida.

Mar de lágrimas

Ao seu mar de lágrimas
quantas pessoas foram
cada um com uma colher

Também fui
para ser um peixe

Grãos de areia

Passeando pela praia, testemunhamos
que o mar generoso
gasta milênios
para metamorfosear rochas em grãos de areia

Com um sorriso meigo, pôs na minha mão
um punhado de areia e disse-me:
há ouro nela

O eterno mar bate nas rochas sem pausa
e a areia que não consigo manter na mão está caindo
ao sol cintilando dourada

Quanto queria eu que os grãos
seja de areia, seja de ouro
não escapassem tão fugazmente

Chuva ao fim da tarde

As gotas da chuva batem no telhado, porta e janela
com tanta pressa, quais crianças nuas
rogando abrigo

Como não sou rio nem sou terra
nem o meu corpo cheio de buracos
é um pedaço de esponja
Em suma, não passo de um animal
que apodrece depressa
caso vivesse na água

Com mais vento
batem intensamente estas crianças
cujos dedos, mais grossos
insistem em agarrar-se às goteiras do telhado

Março

Eis mais uma primavera
outra vez mais despi o vestido do inverno
outra vez mais abri a janela cerrada

Os trovões da primavera rebentam no meu corpo
e as flores, desabrocham no campo

Todas as primaveras repetem o mesmo destino:
florir e murchar... florir e murchar...

Mesmo assim, ainda ignoro o nome de muitas flores
tal como não sei como se chamam aquelas moças
que por mim passam como borboletas

Gostar dum animal

Vi no Alentejo um cavalo nobre e vigoroso
que tinha a crina e os pelos todos brancos
tão puros como a sua natureza

Pastava sereno, indiferente a nada além da erva
ora levantando o casco, ora sacudindo a cauda
para expulsar os moscardos

Eis uma criação ingênua e perfeita
cujos olhos não espelhavam qualquer impureza
Além de comer erva e galopar
não se preocupava com uma melhor vida

Alimentei imensa ternura por ele
acariciando ligeiramente os seus pelos

Para uma alma solitária no mundo
onde tudo se demuda tão depressa
gostar dum animal é bem mais fácil
do que gostar duma pessoa

Espólio

Velho e gasto, o leito do enfermo
na mesa, o pó cobre flores de plástico que nunca murcham
os familiares, ainda saudáveis, cercam o leito
formando um muro de lágrimas
para lá da janela, floresce acesa a árvore-do-algodão
como uma golfada de sangue refletida na vidraça

Começam a recolher o espólio do defunto:
diário, celular, espelho, pente
casaco, sapatos, medicamentos
e ainda um relógio Seiko que não parou de fazer
Tic-tac, Tic-tac, Tic-tac, Tic-tac

Nanjing[*]

Sob o chuvisco, eis-me de novo em Nanjing
plátanos franceses ainda murmuram entre si em chinês
e nas bacias do vendilhão, ágatas flor-de-chuva
já lavadas de sangue
como olhos multicoloridos fitam turistas

Adoro esta linda cidade
onde posso reencontrar amigos num bar
conversando sobre o país, a mulher ou a poesia
mas nem os descendentes das vítimas
nem os sobreviventes do Massacre
me falaram nunca daquela História

---

[*] Nanjing é uma antiga cidade chinesa sendo a capital de várias dinastias. Em Dezembro de 1937, os militares japoneses invadiram a cidade tendo assassinado cerca de trezentos mil cidadãos chineses. Na história este acontecimento é conhecido como "Massacre de Nanjing".

No Hospital Santa Maria

Debaixo do lençol branco, deu-me a sua mão
cujos dedos, compridos e murchos,
têm unhas pintadas de verniz
como flores de ameixieira iluminando os ramos do inverno

Estas unhas, estas flores, foram cortadas uma vez após outra
mas voltaram sempre a florir
embora marginalizadas pelo corpo
mantêm-se sempre limpas e formosas
mesmo aqui, neste hospital nacional
convertido já no centro da sua vida

Aperto-lhe a mão e sinto o palpitar do pulso:
o sangue corre para a ponta dos dedos e volta ao coração
Lembro-me do que escreveu num dos seus livros:
"Num corpo morto, as unhas são as últimas a apodrecerem"

Velho cavalo

O velho cavalo, que está sujeito às ordens do cocheiro
e habituado aos transeuntes e veículos
esqueceu como galopar pelo prado

A sua pele, tal como uma parcela do crepúsculo
vê-se suja, frouxa, bem próxima da escuridão
As patas ferradas tornam o caminho sem relva
mais longo ainda

Bebendo numa barulhenta taberna da vila
vi que rampa acima
o cavalo vergava sob tanto peso da carroça
mas eu não sei como convidá-lo na sua língua:
"Olá! Vem daí beber um copo!"

Mão

Peguei na sua mão
como se segurasse um corrimão

Num tempo prolongado
os dedos, longe das veias
têm vindo a ficar enferrujados

Apenas as unhas crescem
prolongando-se para o ar
mas acabam por ser cortadas:
não é mais que matéria dura mas inútil

Apoiando-me na sua mão
subo até ao topo
tal como o papagaio
que não subiria até ao céu
se não fosse controlado por um fio

Armadilha

No caminho pelo qual passaria aquele *sujeito*
escavei uma armadinha
e depois escondi-me no arvoredo
à espera dum brado que iria rasgar os céus

Mais uma noite quase a findar
da armadilha ainda não soa nada
senão o coro dos grilos e das rãs

As estrelas continuam a jogar xadrez, a meia-lua
a amolar a foice
e eu fiquei todo molhado pelo orvalho

Jingshan*

O sol desliza para as montanhas do Oeste
sombras crepusculares toldam o Palácio Proibido
turistas deixam a colina, um após outro
só a floração dos lilases nas encostas
envolve-me no penetrante aroma
levando-me a imaginar
o destino daquelas mulheres

O sol nascente, depois poente, repete-se em ciclo
igual à mudança das dinastias:

revolução
corrupção
decadência
de novo revolução

Isto já não me interessa
pois preferia saber
como as três mil damas e concubinas do imperador
– eleitas entre as mais belas do povo
viviam apenas com um homem
e sobreviveram após o climatério?

---

* Jingshan (Colina de Paisagem) era um jardim imperial que fica atrás do Palácio Proibido em Pequim. Hoje Jinshan já se tornou um jardim aberto ao público.

Pastor

Sou um péssimo pastor
pois nunca consegui distinguir ovelhas de nuvens
até que um dia avistei um lobo

Agora soube que as nuvens são nuvens
e as ovelhas?...
São exatamente esses ossos

Paisagem ao longe

Um amigo veio me visitar em casa
onde abriu a janela para ver a paisagem
mas só avistou uma chaminé
da qual sai o fumo, ora preto ora azul
piscando de vez em quando
como os olhos não cerrados dos mortos

O meu amigo ficou espantado:
O que foi?
Ele não sabe que é a chaminé
do crematório que fica além

Coletor do crepúsculo

Habituado já a ritualizar a dor
Estive no funeral de mais um amigo falecido
deixando escorrer dos olhos
não apenas a tristeza, mas também algo pétreo

As últimas luzes do pôr do sol caíram refletidas no rio
a ocultar os montes ao longe
Persisto em colecionar o crepúsculo
extraindo o derradeiro ouro
Tenho que pagar a viagem para o paraíso –
um lugar que existe invisível

Porém, nesta noite, nesta cidade de jogo e divertimento
o que está desperdiçando o último dos meus dias?

A caminho da luz

Voltou a luz à lâmpada
e de súbito ficou de novo escuro
Quem prendeu lá fora uma falena-da-noite
e a ensina para aceitar a treva?

Depois de um intenso treino
a falena, agora de asas rasgadas
já não sabe voar
mas arrasta-se rastejando lenta no chão
como um caracol, a caminho da luz

Templo no cume

Subo a montanha
passo a passo

A cada passo
cresce um pouco maior
o templo no cume
até que avisto
a porta de madeira
encarnada, trancada

Não sei se ainda lá estão monges
mas é certo que Agosto
já pousa lá dentro
e a floração dos osmantos
surgiu a tempo

Um episódio da história

Na noite, antes de dormir, retornei para a dinastia Tang
lendo um episódio da revolta de An Shi*
e a defesa da cidade Sui pelo general Zhang Xun

Como esgotados os víveres na cidade
Zhang Xun mandou matar a sua concubina amada
para encher a barriga dos soldados

Os soldados repudiavam o sacrifício
mas o general bradou alto:
Homens, que destemidos
defendeis a cidade pelo Estado
eu não vos posso nutrir da minha carne
mas não devo também
manter a minha dama quando morreis de fome

Lido isto, fechei o livro
dando um olhar perplexo para a namorada
que ao meu lado tinha adormecida, entrando num sonho

---

* Entre 755-763, os generais An Lushan e Shi Siming revoltaram-se contra o imperador da dinastia Tang, causando um grave desastre ao país. Este acontecimento marcou a viragem para a decadência da dinastia Tang, a mais poderosa e próspera na história da China.

Porta Meridiana[*]

Não consegui gostar de café Starbucks
mas nesta altura
não tenho outra escolha senão a do Palácio Proibido

Com uma caneca de café americano
sentado no café, frente à Porta Mediana, ou da História
onde numerosas cabeças foram ceifadas
olho a enorme cabeça do sol
a cair em câmara lenta
pintando o pavimento de sangue vermelho

Na Porta Meridiana
queria saborear o meu café em sossego
mas num trago notei que tinha esquecido o açúcar

---

[*]   Porta Meridiana é a porta principal do Palácio Proibido
e antigamente a sua praça era um sítio onde se encontravam
os mandarins à espera de ser recebidos pelo imperador,
mas também se decapitavam aqueles acusados de crime.
Em 2007, foi aberto nesta praça um Starbucks, mas acabou
por ser fechado devido à voz crítica do público.

Conquistadores

Alguns atingiram
outros morreram a meio da subida
os que sobreviveram ascenderam aos cumes
em frente das lentes agitaram a bandeira
ostentando ao mundo inteiro
a conquista do mais alto dos picos

As câmaras deixaram de fora os Sherpas
de pé, em silêncio, a um canto
são carregadores, não são conquistadores
por escassos duzentos mil dólares
levam qualquer explorador
à conquista das Himalaias

Almoço dos poetas

No festival de poesia em Faro
nós, poetas vindos de seis países
estávamos a almoçar, sentados na orla do mar

Ao mar, dedicamos os versos líricos
e lhe restituímos o grande peixe
que os dentes transformaram em alfinete
para o enfeitar

Retrato

Depois de sair do Louvre
fico apaixonado ainda mais pela arte
junto ao rio Sena dou a um pintor de rua
trinta francos para me fazer o retrato
algo exato
o fundo vazio – deve ser o céu de França

Numa loja interrogo-me
se vale a pena, quarenta e cinco francos
por uma moldura rococó

O vendedor calvo diz-me
que não tem nada mais barato

Sexto dedo

Em sentido estrito, Zhao não é aleijado
por ter na mão direita um dedo a mais
lívido e imperfeito
parte supérflua do seu corpo
a única sem uso

Sinto isto quando lhe aperto a mão
mas Zhao diz: esse sexto dedo
também é carne e sangue do meu corpo
também sangraria, se ferido

Enterro da flor

Na terra enterro o que pertence à terra
abrindo um buraco no jardim

Noto então que a cova profunda
tem uma forma de inteira floração

O pôr do sol

Não se queixa da sua vida
exceto aborrecido pelo vazio no coração

Finalmente, ampliamos este paradoxo
ao espírito e à carne:
sempre que pedimos emprestado o corpo
para resolver um problema do coração
entramos num beco sem saída

O coração nem sempre é o centro do corpo
mas nunca é o seu substituto
Ficamos calados ao olharmos o sol
que hoje escolhe um vazio no horizonte
para se pôr

Correr em 1968*

Corro
porque eu vi a multidão
correndo
na direção da Praça Tiananmen

Não sei
por que eles correm
mas eu sei
por que eu corro
por que eles correm

---

* Em 1966, na China deu-se o início à Grande Revolução Cultural que conduziu o povo para uma cegueira politica e ideológica bem como causou a paralisação do desenvolvimento econômico do país. Esta catástrofe social só terminou em 1976.

Camilo Pessanha num quarteto

Amor

Você acolheu as rosas por engano e ficou com as mãos
cheias de espinhos, em lugar de metáforas amorosas.
Sem amor, não tem onde ficar. Sem amor, deixou de
amar a si próprio, de amar quem quer que seja.
Fez de si próprio um órfão, que não caberia no seu
país. Portugal, um orfanato demasiado pequeno!
Partiu para o exílio, sonhando com aquela terra distante
mas habitável para a alma. Não encontrou, porém, o
lugar do ser senão a fragilidade do amor, ainda maior.
Rodeado de corpos, nunca aconteceu o amor.
A realidade é um rato roedor do coração, a
saudade é uma doença sem cura, e você, é o
rei do Reino da Solidão sem rainha.

Mar

É um tremendo obstáculo. É o caminho mais vasto
do mundo. Você optou por este caminho para escapar
do seu país, para se despedir de si próprio.
Ondulando, as vagas a desabrocharem como flores
brancas, tão brilhantes ao sol que lhe feriram
os olhos. Então a noite caiu, cingindo-o.
E lá no céu, as estrelas, agarradas à escuridão como
as unhas, para não caírem. Sente-se tão desabrigado
no vazio da noite, e tão pouco na vastidão do mar.
O que você quer alcançar não passa de uma
fonte, mas é o mar que está a gotejar pela sua
clepsidra, como se fosse inesgotável lágrima.

Ópio

Uma vez que não alcançou a rosa, entregou-se ao cultivo
da papoila, numa alma-terra sombriamente fertilizada pela
tristeza. Deitado no leito, incendiou um ponto de partida,
começando a tecer um caminho por meio de sinuosa fumaça.

Assim, ignorou o caminho do real. Assim, as
cinzas serviram para remediar a ferida, profunda
como se fosse o abismo. Assim, roubou a chave
da serenidade por cinco gramas de ilusão.
Viver a vida é morrer um pouco cada dia.
É para ser um morto vivo. Fumar o ópio é
desposar uma donzela bela e viciosa.

Poesia

Graças à poesia, você morreu sem a morte. Graças à poesia,
você encontrou uma lâmpada para suportar o peso da sombra.
A poesia é o único que lhe resta, sendo uma
possibilidade dentre as impossibilidades.
Pela poesia, subiu até à torre alta onde viu o
rosto mais pálido do amor. Pela poesia, desceu
até à cova deslizando como um verme.
Com a poesia, nunca pretendeu ter com a Musa mais
sim para espelhar o seu Ser. Para si, a poesia é um
refúgio, uma sombra, um afastamento, um caminhar
solitário, umas núpcias hipotéticas… Enfim, é como
quem na poesia encontra uma forma de luto.

Somos todos apenas árvores

Somos todos apenas árvores
baixas árvores
árvores que não sabem correr para o além
árvores que confundem a luz do machado com a luz do sol
para a qual crescemos

Estamos imóveis, incapazes de chegar até a um homem
mesmo que ele precisasse duma sombra solidária
antes da morte de amanhã

Temos os ramos e as copas
menos altos do que o arame farpado da prisão dele
menos altos do que a muralha que
construímos para nós próprios

Nada fizemos senão circundar dentro dos troncos
marcando em vão o correr do tempo
com os anéis um atrás do outro

O medo já se tornou
o nosso único tipo de sangue e o nosso único signo
Pela calada da noite, não temos coragem
de chamar em voz alta
o nome dele
apenas com as folhas trêmulas, sussurramos ao ouvido
notícias sobre ele

Convidamos um carpinteiro para lhe fazer uma cadeira
mas acabamos por deixá-la vazia, vazia para sempre
E agora, queremos construir-lhe um caixão
mas ele morreu como o mar, ondulando e agitando
que não cabe em nenhum caixão

No Deserto

1.

Olhando para o horizonte
não vi ninguém, nem um grão de areia
só o deserto

2.

O deserto não é um fracasso
mas sim um livro aberto, cheio de ossos
sem ponto final

3.

Só o homem é o destino do homem
mas para atingi-lo
deve passar por um Deus
para ser iluminado

4.

Nos meus olhos dos sessenta anos
ainda cabe a vastidão infinita

Por isso regozijo-me
embora amanhã tenha de regressar
para a cama pendurada no 43º andar

5.

O sol entrou nas sultanas
abrindo os seus lábios doces

Também abri os lábios, já secos
para pedir água
ao velhote que vende sultanas

6.

Nenhuma pedra é igual a outra
o deserto não faz cópia

7.

Quem sou eu?
eis a minha dúvida à presença de Deus

O silêncio
deu-me uma resposta infinita e única

Por entre as pedras das pedras
apanhei uma delas

8.

Nunca se vê uma ovelha a pastar
mas todos os dias: uma tigela de
pãezinhos com carne de borrego
como pequeno almoço

No menu um borrego inteiro assado: 1473 yuans
você diz: caro, preço para turistas

9.

O Buda do Futuro diz:
no mundo do prazer celestial
todos podem viver até 8000 anos

Lembrei-me de repente
que hoje me esqueci de tomar o medicamento

10.

O Buda deita-se repetidamente
não para descansar
mas sim para ver bem
se o homem ainda está ao seu lado

11.

Não há água
então beba lágrimas que não devem cair em vão

Aqui, a vida é pouca e seca
mas não falta razão para chorar

12.

Há tanta luz por todo o lado
não me posso esconder nas minhas sombras

Se não anoitecer
o sol é um tirano

13.

Está a contar-me um segredo
o deserto abriu o ouvido
em cada grão de areia

14.

Olhando para baixo a partir do avião
as montanhas ainda estão a correr
como jovens
cobertos de uma camada fresca de neve

15.

Nas profundezas do deserto
sinto-me preso em grilhões mais largos do mundo

O guarda da prisão não tem nada
senão um rosto infinito

16.

Aqui não há sepultura

Apenas nós
lápides de nós que ainda estão a caminhar

17.

O deserto é inútil?

Na cidade onde vivo
o preço da areia para a construção civil voltou a subir

III

FOCO

FOTOGRAFIA E POESIA

Before I Die

Antes que eu morra, quero viver com
alguém que me ama e a quem eu amo
Antes que eu morra, quero ter dez
cães, cinco gatos e doze filhos
Antes que eu morra, quero nadar numa piscina de chocolate
Antes que eu morra, quero privatizar o
governo que me está governando
Antes que eu morra, quero ver um
bom jogo de futebol chinês
Antes que eu morra, quero esquecer e o
rancor do machado e a morada da cinza
Antes que eu morra, quero que tu não morras
ou morras depois que eu morra
Antes que eu morra, quero conseguir adquirir
um pequeno terreno para cultivar batatas
Antes que eu morra, quero que o meu caixão seja
pintado de muitas flores, por dentro e por fora
Antes que eu morra, quero cantar a morte que é o
pai, a mãe, o filho, o companheiro ou a amante de
nós, que é a vírgula ou o ponto final de nós.
Antes que eu morra, quero ser um otimista absoluto
porque só existem os dois tipos do homem no mundo:
quem já morreu e quem está a morrer, como diz o poeta

Mestre

Com a tartaruga, meu estimado Mestre
aprendi a "devagar se vai longe"
a atuar sem ação
a ter longa vida sem ir ao médico
a entender o que significa a eternidade:
ensinamentos que ele me explica no casco

O meu mestre acabou de ser promovido
para o Professor Catedrático

Traduzindo o coração

Traduzo o seu coração com o meu coração
Traduzo o seu corpo com o meu corpo
Traduzo a sua noite com a minha luz
mas diz-me: com a noite de você

Luzhou*

Fui ver o Rio Yang Tsé e o Rio Duo com os amigos
sem levar um balde, nem vi nenhum peixe nas águas
O que vi na margem era muita gente
à qual nos juntamos para que a gente fosse mais gente

As gaivotas do rio voavam, ora para cima ora para baixo
caçando pedaços do pão que a gente lançava para o ar
Estas aves, já habituadas a serem alimentadas pelo homem
e nós, já habituados a receber o que
os dois rios nos dão de graça

Nos degraus do dique, havia um rapaz deitado a dormir
com os seus óculos postos de lado
Ele devia ficar muito cansado, preferindo fugir
para a noite aberta pelas pálpebras fechadas

Ele ainda é o dono do seu sono
com um provável sonho como a sua propriedade
"Deixemos a aguardente e a poesia aquecerem todos"
mas um poeta sensível ao álcool como eu,
sentia-se sozinho entre bebedores

O Rio Yang Tsé corre ao meu lado direito
e o Rio Duo, ao meu esquerdo
e na confluência dos dois, fiz a mistura
da minha própria aguardente

---

* Luzhou é uma cidade situada na Província de Sichuan e conhecida pela produção da famosa aguardente *Luzhou Laojiao*. Também é o ponto de confluência do Rio Yang Tsé e do Rio Tuo.

Noiva

Também tive uma noiva como esta
com as flores na mão
com o desabrochar da saia nupcial
com o amor a cantar como cascata adentro da alma

E agora, faço parte mais escura da sombra do sol
que me mede o dia
Quando a noite cair, nada se verá, ninguém se verá…

Diamantes

Não os compro, nem os uso
por isso deixaram de ser diamantes
cujo valor ostensivo ignoro

Tornaram-se em pedrinhas na montanha
ou fragmentos do vidro partido

Uma nuvem de Pessoa

Tenho lido Fernando Pessoa, várias pessoas dele, para melhor conhecer esta pessoa única. Única pelos seus tantos nomes heterônimos, mas também por ser um homem que ficou apaixonado, como qualquer homem comum, por uma mulher com quem só pôde namorar à sua maneira sem que seja à maneira dela. É uma incapacidade da capacidade de amar. Mestre na escrita de cartas de amor, provavelmente mais ridículas do mundo, domina bem a arte de lisonjear, iludir, desiludir e renunciar à mulher. Primeiro é incendiário e depois bombeiro, cujo dever para cumprir é ler o nada-ser nas cinzas do incêndio. Na oficina da sua alma existe um universo, mas não há máquina nem peças para montar o casamento. Será que o casamento é um hospital onde não se cura nada e todas as palavras poderão ficar doentes? Ou o maior amor "é aquele que quando dois seres estão juntos, não se olhando nem tocando os envolve como uma nuvem". Mas a nuvem não se enraíza, viajando sempre tendo como destino o além do céu, a terra e o mar, tal como o poeta viaja todos os dias pelo mundo, apesar de não sair de Lisboa. Ele não pertence à Ofélia, a ninguém, nem a si próprio. Coitada da Ofélia! Aspira a viver para sempre no "nininho" deste homem mas como é que consegue agarrar uma nuvem, inconsciente das fronteiras e do endereço, a flutuar permanentemente?

O Corpo no Circo

O corpo, organismo humano constituído
por células, músculos e ossos,
tem nomes diferentes a nível linguístico
e significados diferentes a nível sociológico.
O corpo é individual e privado mas é também social.
É um leão no circo.
Debaixo dos chicotes do treinador,
deve domar todos os seus sentimentos e desejos pessoais.
Sob os olhos atentos do público,
tem de atravessar obedientemente o círculo de fogo
e caminhar sobre o feixe de equilíbrio,
ou deixar um macaco cavalgar sobre ele.
Mesmo esfomeado, tem a cabeça do
treinador metido adentro da sua boca,
deve cuspi-la para fora.

O corpo não serve para pensar mas apenas para sentir.
O corpo fecha em si mais segredos do que o pensamento.
No fundo, a forma da verdade é assumida pelo corpo.
Se o corpo falasse todas as verdades
e o seu órgão sexual revelasse todos os segredos,
seria o suficiente para mudar o mundo.

O corpo deve obedecer a muitas lei e regras
e seguir os líderes de todas as categorias.
Executa todas as ordens que recebe:
físicas, ideológicas, políticas, éticas,
sociais, legais ou patológicas...

O corpo é um substituto da alma
sofrendo por ela o tormento, a dor e a destruição.
Até mesmo a revolução ou guerra começa a partir do corpo.
Cicatrizado de hematomas e manchas de sangue,
está cheio de tristeza, lágrimas e morte,
No entanto, sente os momentos felizes
que são sempre tão curtos:
quando o espetáculo do circo termina, um corpo
abraça outro corpo.

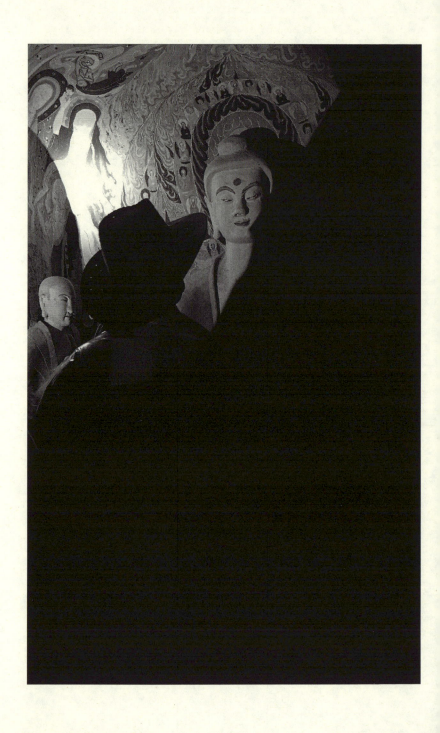

Nas Grutas Mogao*

Apenas o homem é a partida e a chegada do homem
pretendendo chegar realmente
partimos de madrugada, rumo a Guanyin
que espera no meio do deserto
por mim, por ti, por todos

A deusa é que sabe
o número exato dos grãos de areia do deserto
e conhece-nos a dor da alma e do corpo
mas nenhuma palavra diz
simplesmente com um sorriso eterno
a iluminar a treva que nos impera
a fazer a gruta florir, como uma flor de lótus

Também sorrimos ao encontro dela
como uma lavagem interior
como um passo de aproximação da luz

---

* Grutas cavadas no ano de 366 no deserto Dunhuang,
da província Gansu e reconstruídas ao longo das sucessivas
dinastias chinesas. Existem dentro milhares estátuas e
pinturas budistas e foram classificadas como o Património
Cultural da Humanidade pelo Unesco em 1987.

Nos 20 anos[*]

Nos vinte anos tornei-me a mim próprio numa
região administrativa especial onde se aplica
o princípio de "um homem duas vidas
Nos vinte anos fiz muitas viagens pelo mundo
para ser mais enraizado na terra de partida;
Nos vinte anos mudei de vários endereços, mas
continuo preso no meu número do BIR;
Nos vinte anos consegui gostar de minhas
árvores que nunca dão frutos;
Nos vinte anos conjugo intensamente o verbo
"amar", mas continuo a dar erros;
Nos vinte anos sinto-me grato por Deus mesmo
que nunca me chegue com um remédio santo;
Nos vinte anos fui convidado para muitos
banquetes da memória e do olvido;
Nos vinte anos fiquei com uma parte de mim mais de
mim e com outra parte de mim menos de mim;
Nos vinte anos sinto sempre a justiça do tempo
pelo rosto porque todos os rostos, mesmo bem
maquiados, ficam mais envelhecidos;
Nos vinte anos não paro de desenhar o vazio
com o pleno e o pleno com o vazio;
Nos vinte anos nunca choro porque a água da
fonte interior não é escravo da lágrima;
Nos vinte anos nutri mais cumplicidade com
o meu cão do que com as pessoas;
No último dia dos vinte anos não vou prever
os meus próximos vinte anos.

---

[*] Escrito aquando da comemoração dos 20 anos da fundação da Região Administrativa Especial de Macau onde se aplica o princípio de " um país dois sistemas" que visa manter o mesmo sistema social depois de transferência da sua soberania para a China, ocorrida em 1999.

Escrito na água

Na água não só se aprende como nadar mas
também como se conciliar com o deserto.

O céu voa nas asas das nuvens fazendo pausa na água.

O espelho não partiu no meu rosto
para manter a água íntegra.

A boca ama com a ponta da língua e a água entre os lábios.

As palavras, tão leves e invisíveis, crescem para o coração
no fundo da água, como peixes de olhos nunca fechados.

O Buda, sentado nos joelhos da colina, diz nada ou
tudo pelo silêncio do ar. E pela fundura da água.

Olhar dum Porco

Um porco, no meio dos porcos aglomerados num caminhão que está a cruzar a fronteira delimitada por "um país dois sistemas", levantou a cabeça e ficou a olhar para fora pelas grades. Um olhar ingênuo, curioso e inconsciente do que irá acontecer com eles. Um olhar que ignora também uma coisa desenvolvida pelo homem que se chama gastronomia: porco à alentejana, porco refogado com molho de soja, porco agridoce, porco guisado à maneira do poeta Dongpo, fatias de rins de porco fritas, leitão assado à Bairrada ou à Cantão… coitado do porco que todos dias é cozinhado pelo homem para uma grande variedade de pratos de fazer crescer água na boca. No entanto, igualmente pela boca, o homem sempre ofende este animal que acha sujo, estúpido e gordo, aliando esta imagem também ao seu gênero.

São oito e meia da manhã, e um porco, distinguido de outros, ficou a olhar para fora, para mim. A caminho do matadouro. Raramente estão uns porcos vivos tão perto de mim, apesar de "conviver" constantemente com o porco, ou melhor, com a carne de porco. Provavelmente, daqui a duas horas, estes porcos serão mortos e os seus "cadáveres" cortados em cabeça, em pernas, em lombo, em tripas… estarão à venda no mercado. Como consumidor de carne, apetece-me sempre apreciar um porco agridoce ou à maneira de Dongpo, mas hoje o olhar deste porco tirou-me totalmente o apetite.

Está a chegar o ano lunar do porco e quais são os meus desejos para o ano novo? Um ano pleno de prosperidade e boa saúde alimentada pelo sacrifício de outras vidas?

Li Bai* em Zhuhai**

Dizem que morri embriagado, tendo-me mergulhado
nas águas de um lago para abraçar a lua nelas
refletida, mas a verdade é que continuo vivo,
porque a minha poesia não sabe morrer.

Ainda adoro beber, beber imenso, taça após taça, sendo
o vinho que me pode consolar o coração solitário. Ainda
sou pobre, sem que possua uma conta bancária ou uma
propriedade imobiliária, porque a fortuna só satisfaz em
vão a minha existência. Continuo a ser a pessoa mais livre
do Império, de então e de agora, sem paciência para servir
nenhum dono da corte. Gosto de cantar e dançar mas
nunca consigo fazê-los dentro das grades. Sinceramente, é a
liberdade sem rédeas que me faz um poeta melhor, de todos
os séculos! Ainda viajo por montanhas, rios, cidades e aldeias,
ignorando fronteiras, sem que um destino me retenha.

Por agora, vagabundeando no sul do Império, faço uma
paragem nesta cidade que se chama Zhuhai, pérolas do
mar, nome tão poético! Rodeado de sombras, de folhas
e flores, fico a olhar para a movimentação intensa de
pessoas e veículos na rua, apetecendo-me tomar um
copo com alguém. Terei amigos por cá? Ou melhor,
beber com a lua que está a avançar deslumbrante
pelo céu como se me convidasse. Assim, não me sinto
sozinho, porque com a minha sombra somos três.

---

*   Considerado como um dos maiores poetas chineses ao
longo dos séculos, Li Bai (701-762) viveu na dinastia Tang
vagando por muitas regiões da China. Deixou numerosos
poemas que têm influenciado sucessivas gerações dos
chineses. Adorava beber vinho e morreu ao mergulhar-se, já
embriagado, num lago para abraçar a lua refletida na água.

**   Zhuhai é uma cidade marítima que tem a fronteira com Macau.

Avisto, para além deste lado, uma ofuscante luz de
néon. Deve ser Macau. Ouvir dizer que Camões,
um poeta do Reino Atlântico, vagueou até àquela
terra onde permaneceu por algum tempo a viver e a
escrever. Ele ainda está lá? Tenho de conhecê-lo e
vamos ser amigos, com certeza, porque somos pessoas
tão similares pela poesia e pela natureza humana…

Aprender a língua de pássaro

Nesta montanha, no meio da cidade, sinto-me mais sozinho e mais tranquilo. Comigo só existem as árvores que crescem todas para o alto do céu, com folhas e raízes a colher a força do sol e da terra, sem consciência da minha presença. Sim, elas crescem só para si próprias, estendendo ramos e dando frutos ou não os dão. Mas o homem nasce e cresce também para dar frutos. Tendo uma maçã na mão, o homem fica próximo da mulher. Subindo pelo trilho de cimento, cheguei finalmente ao pavilhão no topo da montanha. Não está ninguém. Ou quer dizer que apenas nós dois: a montanha e eu. Lembrei-me dum verso do poeta Li Bai: Jamais nos cansamos um do outro, a montanha e eu. De vez em quando, chega-me ao ouvido o canto de pássaros. Será que eles estão a cantar? Sei lá, mas fiquei realmente curioso por saber se eles estão cantando ou chorando. Já não me interessa aprender mais inglês, português nem a minha língua materna. O que queria aprender e compreender é a língua dos pássaros. Assim, não iria considerar todos os sons emitidos por eles como cantos de alegria ou de namoro. Talvez estejam a gritar pela fúria, acusando a conduta errada do homem em relação à natureza.

"Ocupando uma montanha para ser o rei." No tempo antigo, os rebeldes costumam apoderar-se duma montanha como base de rebelião. Mas nenhuma cabeça da rebelião está satisfeita em ser apenas o rei da montanha onde é tão árdua a sobrevivência. A sua ambição é entrar no palácio imperial para ocupar o trono do dragão. No fundo, nenhum imperador é o filho do Céu, mas, sim, originalmente, a cabeça da rebelião. Com o atacar de mosquitos, também não consigo permanecer na montanha por mais horas e tenho de voltar para a cidade embora a tenha afastado para longe antes da entrada.

Tempo inventado

Quando os peixes fecharam os olhos
o mar ficou todo escuro
até os rios a correr, tingidos como fitas pretas
velaram-me os olhos

O amor no coração
apalpa a obscuridade ao redor
como um cego, em busca do rosto perdido

O tempo é inventado
para torturar coisa boas

No piano da memória
batem as teclas, ora brancas ora pretas
para quebrar o mar como ondas

Fragmentos recolhidos em Kyoto

1. Do aeroporto de Osaka rumo para Kyoto, atravessamos várias pontes, pontes modernas, de betão ou de aço. Num momento qualquer, lembrei-me de uma ponte antiga na longínqua cidade de Pequim: a ponte Lugou que ficou conhecida por ter sido um ponto de partida para a guerra entre a China e o Japão. A guerra, concluída há mais 40 anos, ainda dói aos chineses como ferida incurável. Daí, do "Japão" nem vem o bom vento, nem o bom casamento, mas por aqui podemos encontrar tantas coisas belas e familiares: caracteres chineses, escritos de forma caligráfica, em tabuletas de lojas ou em menus de restaurantes, templos budistas, que ainda conservam o estilo arquitetónico da dinastia Tang, o qual hoje em dia já é difícil de ser verificado na China, e sobretudo o sorriso sempre a florescer em caras simpáticas ao vento fresco de outono...

2. Os japoneses, excelentes aprendizes de todas as coisas que acham boas e necessárias e, depois, tornam-se mestres nestas coisas. Até mestres na produção de um simples *Tou Fu* que introduziram da comida chinesa. Durante a dinastia Tang, muitos japoneses foram enviados para a China, o país mais desenvolvido de então, para estudarem a civilização chinesa. No entanto, chegando aos finais do século XIX, era a vez da China, já decadente e atrasada, aprender com esta nação do sol nascente. Palavras em chinês, tais como a filosofia, a ciência, a democracia, a economia, o comércio, o socialismo, o feudalismo, o capitalismo, a literatura, a república, o abstratismo, a saúde, a publicação, entre outras, estão na origem do japonês. Sem a introdução destas palavras na língua chinesa, os chineses não iriam dispôr de vocabulários para comunicar com o mundo moderno.

3. O poeta chinês Tian Yuan que nos acompanhava na visita veio aqui estudar o japonês na década de oitenta do século passado e, atualmente, é professor de literatura numa universidade em Tokyo. Disse que o seu estudo universitário tinha sido financiado pelo japonês Takashi por quatro anos, um gesto puramente ingênuo, generoso e irremunerável. A amizade entre eles continua até hoje. Outro amigo japonês dele, que faleceu aos 83 anos, fez mais de 300 visitas à China ao longo da vida, por se sentir simplesmente como amigo dos chineses. O relacionamento entre dois países pode ser conflituoso até que os governos possam recorrer à guerra como meio de resolução, mas os povos, sempre vítimas da guerra, desencadeada seja em nome da justiça seja em nome do patriotismo, aspiram à paz, ao convívio amistoso um com outro. Fomos convidados pelo senhor Takashi para tomar chá em sua casa. Foi uma conversa tão agradável e tão divertida tal como se os dois vizinhos estivessem a trocar novidades.

4. As duas culturas tão próximas e há muitas palavras familiares, o que nos incutia a coragem de adivinhar o significado dos caracteres de origem da língua chinesa até traduzirmos aquele haiku tão conhecido do grande poeta Bashô. Conseguimos obter as cinco traduções mas nenhuma parece perfeita porque sentimos enorme dificuldade em transmitir o feito sonoro provocado pela rã ao saltar na água. A minha versão, porém, ficou assim:

> *antigo tanque*
> *uma rã salta:*
> *som de ondear*

Ordem

Chegou um tempo em que a primavera é uma ordem
todas as flores têm de florescer em pleno Março
até que a figueira sorri com pétalas inventadas
mas no meu jardim só ervas é que crescem.

Chegou um tempo em que a canção é uma ordem
todos têm de cantar mesmo pessoas sem jeito nenhum
mas eu já saí do coro há muito tempo
porque um nó não parou de uivar na garganta.

Chegou um tempo em que a vida é uma ordem
ninguém pode morrer mesmo já condenado à morte
até o suicídio é decretado como crime
não vou morrer senão a vida morrer-me-á.

Um homem de ninguém

É o filho de quem? É o pai de quem? E é o marido de quem? Por que é que com esta idade ainda não encontrou uma casa para se alojar? Por que é que às oito da manhã não está sentado à mesa para tomar um café quente junto com a família? Acordou no frio matinal junto com as gaivotas, à procura das refeições diárias, tal como elas. Só que ele não voa, antes faz o vaivém no largo.

Deitou no chão o cigarro apagado pela brisa, olhando para os peões a passar com um olhar pedinte. Ele tem um nome: José, o mesmo nome do grande escritor português que ganhou o prêmio Nobel da Literatura. Será que este José conheceu o outro José que está a sorrir para todo o mundo de uma forma um pouco irónica no seu grande retrato pendurado na fachada da casa denominada com o nome dele? Talvez sim talvez não, o que, porém, não faz nenhum sentido. O que faz sentido é a presença quotidiana do José, um homem de ninguém, no largo da Fundação José Saramago, para testemunhar o pessimismo que o escritor alimentou em relação à humanidade. No entanto, infelizmente, este José já não pode entrar com personagem num romance de José Saramago, embora os dois se encontrem todos os dias no largo.

No topo da colina

Está a cair a noite mas estou a subir. Subindo uma colina que fica no meio da floresta dos arranha-céus. Um ato frequente para me afastar um bocado da multidão, para me sentir, por meia hora, como rei de mim próprio no topo da colina. Sim, por meia hora, porque as nuvens a flutuar não coroam ninguém.

Mas hoje fiquei triste. Assim, fiquei com vontade mais forte de subir, subir um pouco mais alto do que a morte. Há umas horas chegou-me uma notícia de morte, em dose nada suave: destruição física duma vida bonita e jovem, que ainda tinha tanto para viver, amar e oferecer.

No topo da colina, sentei-me num banco de rocha, caindo no silêncio. A morte de alguém próximo de nós sempre aumenta-nos um pouco o silêncio no interior. Baixei a cabeça e vi uma fila de formigas ainda a trabalhar sem parar, mesmo ao pôr do sol. Afinal, qual diferença entre vida de nós e a das formigas? Para os ambos, viver é uma batalha de sobreviver, permanente e fatídica.

Olhando para longe, avistei aquele templo budista ao pé da colina, sempre a emitir fumaça de incenso: reza-se pela boa saúde, pela longa vida, pela prosperidade do negócio, pela rápida fortuna, pelo sucesso da carreira ou pelo nascimento do macho em vez da fêmea... tantos subtemas da morte e do morrer!

Com lâmpadas acesas gradualmente, a iluminar milhões de janelas, caiu a noite finalmente, fazendo subir a lua que não sabe consolar ninguém com o seu brilho arrefecido...

A Lua é uma dívida

Alguns dias antes do Festival do Pleno Outono, a lua já começou a ser o tema das noites e da vida das pessoas. Clássicos poemas referentes à lua voltaram a ser lidos e bolos lunares, cada vez mais variados, encheram as prateleiras das lojas. Entretanto, como me sentia fatigado de ver a lua na minha cidade, decidi ir a uma vila para poder sentir a diferença dela, da mesma lua. Na véspera do festival, vagueava por becos e ruelas da vila, banhado pelos raios da lua, que já subiu bastante alta, mas magra e pequena, em vez de redonda e cheia. Seria esta lua diferente que eu queria ter aqui?

Entrei por acaso numa ruela e encontrei uma jovem mãe que parecia esperar por alguém, levando o filho ao colo. Devia esperar pelo regresso do marido ou o pai do filho. A lua do pleno outono serviu de um forte motivo para eu dar as asas a esta imaginação.

Afinal, a lua começa a brilhar pelo homem, embora altamente suspensa no céu. A lua é uma dívida que temos de pagar um a outro. Assim, todos os anos desejamos que ela se torne mais brilhante e mais redonda num dia. Assim, temos de ensinar às crianças o inútil e o indispensável da lua. Assim, temos de ir mais próximos da lua para liquidarmos a dívida da saudade.

Elegia de Janeiro

Fui ao hospital visitar-te na sexta passada. Estava deitado no leito com os olhos semicerrados e uma cara muito amarelada, tal como uma folha seca e murcha. Tentaste abrir os olhos ao ouvir-me os passos a aproximarem-se de ti para trocar palavras comigo, mas a tua voz arrastava-se fragilmente pela garganta a sufocar sílabas. Entraram médicos e enfermeiras a discutir mais uma proposta para te acalmar a dor do cancro que tinha vindo a carcomer o teu corpo como lobo faminto. Abriste os olhos, deixando deles brotar um brilho efémero, mas voltaste a cerrá-los, sem ligar mais às palavras dos anjos vestidos de branco que nem sempre têm remédio santo. Parecias ter forte consciência da tua última partida a partir do leito que te transportaria, como um barco a afundar-se, para o fundo do mar onde o dia também é a noite. Mas está a amanhecer e chegou-me finalmente a notícia da tua morte. Por fora da janela, um pássaro chora em vez de cantar. Começaste a viagem sozinho, sem esperar mais por nós, deixando cada um de nós dentro das suas grades da vida. Sei que não ficaste satisfeito com a vida, curta, menos aventureira e plena de aspirações não concretizadas. Não sei se acreditas na próxima vida, se nela acreditares, espero que cometas mais erros, porque há erros bonitos. De qualquer maneira, vale a pena viver, e morrer. A vida cria a morte porque é a vida. A vida cria a morte, por isso é a vida.

O Gato

Nunca tive um animal de estimação, embora muito estime os animais. A epidemia tornou-me um prisioneiro em casa por isso apareceu-me na mente a ideia de ter um gato como companheiro.
Assim, um gato entrou em casa como um novo membro da família. Inconsciente da timidez e do medo num espaço totalmente estranho, salta, corre e brinca, sentindo-se logo à vontade em casa. Também faz xixi em lados que julga estratégicos para delimitar as terras do seu novo reino. Parece saber do seu estatuto, que é igual ao meu, passeia à noite na minha cama a farejar o que vou sonhar, salta à hora do almoço em cima da mesa para compartilhar um peixe comigo, ou olha longamente para mim a ostentar os seus olhos redondos e cristalinos. "Tenho os olhos mais bonitos do que os teus", o gato deve pensar assim. Não só olha, também lê, sentado à minha frente, com o nariz a cheirar palavras do livro que estou a folhear. Até rasga, com as patas dianteiras, a página que nada lhe agrada. Dorme muito, mesmo de dia, por vezes deitado rente aos meus pés, de patas para o ar, com um ar completamente seguro e confiante em mim.
O gato tem o seu caráter. É terno, carinhoso, amigável ao homem mas nada lisonjeador. Não tem sentido de se subordinar a ninguém, bem diferente de um cão que pode obedecer cegamente ao dono, sem princípios. O cão não se irrita nem se revolta conta o dono, mesmo que seja maltratado, a não ser que fique enlouquecido. A loucura é a única arma do cão para a revolta. O gato, porém, não é deste género. É autónomo e independente, ignora-nos a ordem e raramente se aproxima de nós a abanar a cauda quando o chamamos. O gato tem uma dignidade que nem muitos homens possuem.

Ágil e vigilante, o gato está sempre atento e pronto para atacar inimigos, mas como estão os ratos? Na televisão? Olha inquieto pela janela para o jardim de fora, desejoso de descobrir um rato qualquer, ou salta na tentativa de apanhar uma mosca em voo para praticar o seu jeito natural. Deve achar muito aborrecida esta vida sem nenhum rival. Comecei a ter um gato que já faz parte indispensável da minha vida. Eu e o gato, somos nós. O poeta americano Charles Bukowski escreve assim:

> *quando me sinto pra baixo*
> *tudo o que quero fazer é*
> *observar os meus gatos*
> *e a minha coragem*
> *retorna*
> *estudo essas criaturas*
> *que são meus professores.*

Este livro foi composto em Fairfield LT Std no
papel Pólen Soft para a Editora Moinhos ao som de
Sunday, por Ben Webster, Oscar Peterson.